LEKTÜRE
HILFE

The Hate U Give

Angie Thomas

Verfasst von Verity Roat
Übersetzt von Mareike Lobeck

DER
QUERLESER

ANGIE THOMAS

AMERIKANISCHE SCHRIFTSTELLERIN

- **Geboren 1988 in Jackson, Mississippi (USA)**
- **Einige ihrer Werke:**
  - *On The Come Up* (2019), Roman

Angie Thomas wurde in Jackson, Mississippi, geboren, wo sie im Alter von sechs Jahren eine Schießerei miterlebte. Am Tag darauf nahm ihre Mutter sie mit in die örtliche Bücherei, um ihr zu zeigen, dass es auch Gutes in der Welt gibt. Thomas zufolge gab dieses Ereignis ihr die Inspiration zum Schreiben. Sie erhielt einen Bachelor of Fine Arts von der Belhaven University, wo sie als erste dunkelhäutige Studentin einen Abschluss in Kreativem Schreiben absolvierte. In dieser Zeit sah Thomas die Tötung von dem jungen Afroamerikaner Oscar Grant durch Polizisten in den Nachrichten. Ihr erster Roman, *The Hate U Give*, ist stark von ihren Eindrücken von diesem Vorfall beeinflusst. Thomas nennt außerdem

Tupac Shakur (amerikanischer Rapper, 1971-1996) als Inspirationsquelle. So ist auch der Titel ihres Romans, *The Hate U Give*, Shakurs Tattoo „THUG LIFE" entlehnt, einem Akronym für „the hate u give little infants fucks everyone" (auf Deutsch in etwa: Der Hass, den du kleinen Kindern entgegenbringst, macht jeden kaputt). Thomas wollte sich zunächst dem Fantasy-Genre zuwenden, doch einer ihrer Dozenten an der Universität ermutigte sie, mit der Verarbeitung ihrer einzigartigen Erfahrungen einer Bevölkerungsgruppe eine Stimme zu verleihen, die zum Schweigen gebracht worden war.

THE HATE U GIVE

EIN WECKRUF GEGEN POLIZEIGEWALT

- **Textgattung:** Jugendroman
- **Herangezogene Ausgabe:** *The Hate U Give*. Aus dem Englischen von Henriette Zeltner. cbt: München 2017.
- **Erstausgabe:** 2017
- **Themen:** Rassismus, Identität, Verrat, Gang- und Drogenkultur, Polizeigewalt, Gemeinschaft, Teufelskreis von Armut und Kriminalität

Als Angie Thomas als College-Studentin im Jahr 2009 von der Tötung von Oscar Grant durch Polizisten hörte, war sie schockiert. Sie verarbeitete den Vorfall literarisch und aus der Geschichte entwickelte sich später *The Hate U Give*. Zunächst war sie als Kurzgeschichte für ihre Abschlussarbeit gedacht, allerdings überstieg sie den Umfang dafür schnell. Nach dem College legte Thomas das Projekt zeitweilig zur Seite, um bei einer lokalen Zeitung zu arbeiten. Doch nachdem sie von weiteren unrechtmäßigen Tötungen und Inhaftierungen von Afroamerikanern an verschiedenen Orten in den Vereinigten Staaten hörte, nahm sie die Arbeit an ihrem Manuskript wieder auf. Der Roman handelt von der Erschießung des jungen Afroamerikaners Khalil und der Reaktion der Gemeinschaft, in der er lebte. Dabei wird insbesondere auf die Reaktion seiner Kindheitsfreundin Starr eingegangen, die bei ihm war, als er starb. Trotz Thomas' anfänglicher Bedenken, dass der Roman aufgrund seiner „Black-Lives-Matter"-Thematik von Verlegern nicht positiv aufgenommen werden würde, erfreute er sich allgemein positiver Kritik.

INHALTSANGABE

DIE PARTY

The Hate U Give beginnt mit der 16-jährigen Starr Carter, der Erzählerin und Protagonistin des Romans. Sie geht zusammen mit ihrer Freundin Kenya etwas widerwillig auf eine Party in Garden Heights, einer Gegend, in der hauptsächlich dunkelhäutige Menschen und auch die beiden Mädchen wohnen. Kenya und Starr sind nicht nur miteinander befreundet, sie haben auch einen gemeinsamen älteren Halbbruder, Seven. Auf der Party trifft Starr zufällig auf ihren Kindheitsfreund und Schwarm Khalil. Als im Haus Schüsse fallen, flüchten sich die beiden in Khalils Auto und er bietet ihr an, sie nachhause zu fahren.

Auf dem Nachhauseweg hält ein Polizist – den Starr später nach der Nummer seines Abzeichens „Hundertfünfzehn" nennt – die beiden an und fordert Khalil auf, aus dem Wagen zu steigen. Danach weist er ihn an, still zu stehen, während er zurück zum Polizeiauto geht, doch Khalil öffnet die Tür seines Autos, um nach Starr zu sehen. Daraufhin erschießt Hundertfünfzehn Khalil und richtet seine Waffe dann auf Starr. Er verbietet ihr, sich zu bewegen, bis die Verstärkung und der Rettungswagen kommen.

GEHEIMHALTUNG

In der Woche nach dem Vorfall beginnt die Schule wieder und Starr kehrt zurück an die Williamson Prep, eine Privatschule in einer überwiegend weißen Gegend. Sie beschließt, niemandem davon zu erzählen, dass sie Khalils Ermordung miterlebt hat. Khalils Foto war überall in den Nachrichten zu sehen, in der Berichterstattung wurde er allerdings als Drogendealer und Gangmitglied dargestellt, um so Hundertfünfzehns Handeln zu rechtfertigen. Nachdem Starr ein Foto von Emmett Till postet – einem jungen Afroamerikaner, der im Jahr 1955 in Mississippi gelyncht wurde –, folgt ihre Freundin Hailey ihr nicht mehr auf Tumblr, sodass die Stimmung zwischen den beiden angespannt ist. Allerdings machen sich Hailey und ihre gemeinsame Freundin Maya auch Sorgen um Starr wegen ihres ungewöhnlichen Verhaltens, doch als sie sie fragen, ob sie Khalil kannte, verneint Starr dies. Auch Chris, ihrem weißen festen Freund, der ebenfalls auf die Williamson Prep geht, will sie nicht erklären, warum sie traurig ist.

DIE BEERDIGUNG

Starr nimmt an Khalils Beerdigung teil und trifft dort April Ofrah. Diese ist Mitglied der Organisation *Just Us for Justice*, die sich dafür einsetzt, dass die Polizei in Fällen wie Khalils zur Verantwortung gezogen wird. Sie erklärt der Trauergemeinde in der Kirche, dass Khalil zum Zeitpunkt seines Todes unbewaffnet war. Kenyas Vater King, ein berüchtigter Ganganführer, trifft ebenfalls auf der Beerdigung ein und legt ein graues Bandana auf den Sarg, das Khalils Mitgliedschaft in Kings Gang, den King Lords, andeutet. Starr ist entsetzt, da sie nicht glauben will, dass Khalil etwas mit Drogen und Gangs zu tun hatte.

NACHWIRKUNGEN

Am Abend von Khalils Beerdigung kommt es in Garden Heights zu gewalttätigen Ausschreitungen, als die Polizei erklärt, dass sie Hundertfünfzehn nicht verhaften wird, weil sie einen Zeugen hat, der jedoch nicht namentlich genannt wird. Starrs Vater Maverick fährt zusammen mit Starr zu dem Geschäft, das er in Garden Heights führt, um es vor den Ausschreitungen zu schützen. Dort finden sie DeVante, einen jungen King Lord, der sich vor King versteckt. Maverick bietet ihm seine Hilfe an, da er selbst früher ein King Lord gewesen ist, aber die Gang verlassen konnte, indem er sich zu einem Verbrechen bekannt hat, das King begangen hat. Maverick bittet seinen Schwager Carlos, der außerhalb von Garden Heights wohnt, DeVante aufzunehmen.

In der Zwischenzeit erfährt Starr, dass Khalils Fall vor der Grand Jury gehört wird. Sie stimmt einem Treffen mit April Ofrah zu, bei dem diese sie davon überzeugt, vor dem Geschworenengericht auszusagen. Starr erfährt, dass Hundertfünfzehns Verteidigung auf seiner Aussage basiert, dass er eine Haarbürste in Khalils Auto für eine Pistole gehalten hat. Gemeinsam mit Hailey besucht Starr danach Maya und die drei Mädchen sehen sich ein Interview von Hundertfünfzehns Vater im Fernsehen an. Hailey bekundet Mitleid mit Hundertfünfzehn, woraufhin Starr wütend wird und Hailey schließlich aus dem Haus stürmt.

Maya, die chinesische Wurzeln hat, erzählt Starr danach, dass Hailey sich auch ihr gegenüber schon rassistisch geäußert hat. Daraufhin gründen Maya und Starr ein „Minderheitenbündnis" (S. 288) und beschließen, Hailey für ihre Aussagen zur Rechenschaft zu ziehen.

MEDIEN UND DIE GRAND JURY

April Ofrah drängt Starr dazu, einem großen Fernsehsender ein anonymes Interview zu geben. Darin erklärt Starr, dass die Medien nicht die Wahrheit über Khalil und den Tathergang berichtet haben. Beim Schulball gesteht Chris, dass er Starrs Stimme erkannt hat und weiß, dass sie die anonyme Zeugin aus dem Interview ist. Dieses Geständnis gibt Starr das Gefühl, ihm mehr über ihr Leben in Garden Heights anvertrauen zu können. In der Nacht vor der Gerichtsverhandlung wird das Wohnzimmerfenster der Carters mit einem Ziegelstein eingeworfen, weil Starr Kings Rolle als Gang- und Drogenboss indirekt verraten hat. Maverick sucht daraufhin Schutz bei seinen früheren Gangkollegen. Am folgenden Tag legt Starr vor der Grand Jury ihre Zeugenaussage zu dem Vorfall, bei dem Khalil ums Leben kam, ab.

URTEIL

Nach den vielen negativen Ereignissen beschließt Carlos, ein Grillfest zu veranstalten, um Sevens Geburtstag und Schulabschluss zu feiern und alle ein wenig aufzuheitern. Sevens Mutter Iesha kommt uneingeladen vorbei und rät Starr, sich vorzusehen, weil King, Ieshas Geliebter, es auf sie abgesehen hat, seit sie ihn verraten hat. Später am selben Abend verschwindet DeVante und als Starr, Chris und Seven ihn finden, wird ihnen klar, dass er von den King Lords verprügelt wurde. Iesha lenkt King ab, damit DeVante fliehen kann, obwohl sie weiß, dass King sie dafür schlagen wird.

Die Grand Jury fasst den Beschluss, keine Anklage gegen Hundertfünfzehn zu erheben, woraufhin es in Garden Heights zu weiteren Ausschreitungen kommt. Als Mavericks Geschäft in Brand gesetzt wird, beschließt er, mit seiner Familie in eine sicherere Gegend zu ziehen, obwohl er zuvor stets die Ansicht vertreten hat, dass man in einer Gemeinschaft bleiben muss, um ihr helfen zu können. DeVante wendet sich an die Polizei, um gegen King auszusagen, nachdem ihm zugesichert wurde, dass dies zu Kings Verhaftung und einer Freiheitsstrafe führen wird.

Am Ende des Romans haben sich die Carters gut in ihr neues Heim und die neue Nachbarschaft eingelebt und Maverick kehrt zu seinem Laden zurück, um ihn wiederaufzubauen. Der Besitzer des Nachbarladens bietet Maverick sein Lokal an, damit er seine Verkaufsfläche vergrößern kann. Starr beschließt, sich weiterhin gegen Ungerechtigkeit einzusetzen.

PERSONENANALYSE

STARR CARTER

Starr Carter ist ein 16-jähriges, dunkelhäutiges Mädchen und wohnt in Garden Heights. Sie ist sowohl die Erzählerin als auch die Protagonistin des Romans. Ihre Familie lebt zwar ihn einer benachteiligten Gegend, dennoch schicken ihre Eltern sie auf eine Privatschule, die Williamson Prep, wo ein Großteil ihrer Freunde weiß ist. Dies führt dazu, dass sie den Eindruck hat, zwei Identitäten zu besitzen – „Garden-Heights-Starr" und „Williamson-Starr". Dass ihr dies sehr zu schaffen macht, zeigt sich besonders in ihren Beziehungen zu ihren weißen Freunden und ihrem weißen festen Freund. Bereits bevor Khalil getötet wurde, hatte Starr Zweifel, dass ihr Vater positiv auf ihre Beziehung zu dem hellhäutigen Chris reagieren würde, und hielt sie daher vor ihm geheim. Nach seinem Tod stellt sie die gesamte Beziehung infrage, ebenso wie ihre Freundschaften mit Maya und Hailey. Starr bemerkt nun, dass Hailey sich häufig rassistisch äußert, und will ihr dieses Verhalten nicht verzeihen, wenn sie sich nicht entschuldigt. In der ersten Zeit nach Khalils Tod fühlt sie sich nicht dazu in der Lage, sich über den Vorfall zu äußern, obwohl es schon das zweite Mal ist, dass sie miterlebt, wie eine unschuldige Person erschossen wird. Als sie 10 Jahre alt war, wurde nämlich vor ihren Augen ihre Freundin Natasha getötet. Im Laufe der Geschichte wird Starr allerdings selbstbewusster und nimmt sich schließlich vor, sich stets gegen Rassismus und soziale Ungerechtigkeit auszusprechen.

KHALIL HARRIS

Khalil kommt im Roman zwar lediglich kurz vor, seine Figur spielt jedoch in der Erzählung von *The Hate U Give* eine zentrale Rolle. Khalil ist ein Kindheitsfreund von Starr und früher schwärmte sie auch für ihn, in den letzten Jahren haben sie sich jedoch voneinander entfernt. Als sie sich zufällig auf der Party in Garden Heights treffen, können sie trotzdem schnell an alte Zeiten anschließen. Die Ungerechtigkeit von Khalils Tod, als er auf dem Nachhauseweg von der Party von einem Polizisten (Hundertfünfzehn) erschossen wird, lässt Starr ihre Wertevorstellungen, Freundschaften und Beziehungen überdenken und ihre Stimme gegen Ungerechtigkeit erheben. Nach der Beerdigung entsetzt Starr die Vorstellung, dass Khalil zu einer Gang gehörte und Drogen dealte. Doch DeVante erklärt ihr später, dass Khalil lediglich Drogen verkauft hat, um die Schulden seiner Mutter bei King zu begleichen, und dass er es abgelehnt hat, Mitglied bei den King Lords zu werden.

MAVERICK CARTER

Maverick hat zusammen mit Iesha einen Sohn, Seven, und mit Lisa zwei Töchter: Starr und Sekani. In seiner Jugend war er Mitglied der King Lords, konnte die Gang jedoch verlassen, als Starr ein kleines Kind war, indem er sich für ein Verbrechen schuldig bekannte, das King begangen hat. In der Zeit, die er daraufhin im Gefängnis saß, übernahm Lisas Bruder Carlos für Starr eine Art Vaterrolle. Mavericks Sohn Seven wurde nach einem Streit zwischen Maverick und Lisa bei einem One-Night-Stand mit Iesha gezeugt. Maverick engagiert sich leidenschaftlich für die Verbesserung der allgemeinen Lebensumstände in Garden Heights.

SEVEN

Seven ist der Sohn von Maverick und Iesha und damit Starrs älterer Bruder. Sie sagt über ihn:

> Es ist kein Geheimnis, dass mein großer Bruder das Resultat einer „Auftragsbegegnung" zwischen Daddy und Iesha ist, nachdem er Streit mit Momma hatte. Iesha war damals schon Kings Mädchen, aber er hatte sie sogar angestiftet, Maverick abzuschleppen. Allerdings konnte er ja nicht wissen, dass Seven Daddy wie aus dem Gesicht geschnitten sein würde. Ziemlich verkorkst, ich weiß. (S. 153)

Da er mit der Beziehung zwischen Iesha und King nicht glücklich ist, verbringt er viel Zeit bei Maverick. Er geht ebenfalls auf die Williamson Prep und fühlt sich als Beschützer seiner Halbschwestern Starr, Kenya und Lyric (Ieshas und Kings Töchter). Die Beziehung zu seiner Mutter ist angespannt, dennoch möchte Seven am Ende des Romans nicht für das College umziehen, sondern stattdessen in Garden Heights bleiben, um seine Mutter und Schwestern, Kenya und Lyric, vor King zu beschützen. Maverick rät ihm jedoch, die Chance, die ihm durch den College-Besuch gegeben wird, nicht einfach wegzuwerfen, und verspricht ihm, selbst ein Auge auf Iesha und ihre Töchter zu haben.

KENYA

Kenya ist Sevens Halbschwester und die Tochter von Iesha und King. Sie ist gutaussehend und hat eine jüngere Schwester, Lyric. Außerdem ist sie Starrs beste Freundin und überredet sie, auf eine Party zu gehen, wo Starr schließlich Khalil wieder näherkommt. Trotz ihrer guten Freundschaft verärgert Kenya Starr häufig, indem sie Seven als „meinen Bruder" anstelle von „unseren Bruder" bezeichnet (vgl. S. 11). Zudem wirft sie Starr vor, Garden Heights zu vergessen und ihr Williamson-Prep-Leben zu bevorzugen.

CHRIS

Starrs fester Freund ist ein weißer, wohlhabender Schüler der Williamson Prep. Er macht gelegentlich unbedachte Bemerkungen zum Thema Hautfarbe, unterstützt Starr jedoch sehr und möchte an ihrem gesamten Leben teilhaben, auch dem Teil in Garden Heights.

HAILEY

Hailey ist eine von Starrs Freundinnen an der Williamson Prep. Die beiden zerstreiten sich im Laufe des Romans, da Hailey häufig offen rassistische Kommentare fallen lässt, mit denen Starr nach Khalils Tod nicht umgehen kann.

MAYA

Maya ist ebenfalls eine von Starrs Freundinnen an der Williamson Prep. Sie hat chinesische Wurzeln. Gegen Ende des Romans gründen sie und Starr ein „Minderheitenbündnis" (S. 288) und beschließen, Hailey zurechtzuweisen, wenn sie rassistische Bemerkungen fallen lässt.

ONKEL CARLOS

Starrs Onkel mütterlicherseits ist Polizist. Zu Beginn verteidigt Carlos Hundertfünfzehns Handeln, ändert jedoch schnell seine Meinung und nimmt auch DeVante bei sich auf, als dieser in Schwierigkeiten ist. In der Zeit, als Maverick im Gefängnis war, übernahm er so etwas wie eine Vaterrolle für Starr.

DEVANTE

DeVante ist ein junges Mitglied der King Lords, Kings Gang. Als es das erste Mal zu Ausschreitungen in Garden Heights kommt, versteckt er sich in Mavericks Geschäft und bittet ihn um Hilfe, um den King Lords zu entkommen. Am Ende des Romans beschließt er, bei der Polizei gegen King auszusagen, damit gegen diesen eine lebenslange Freiheitsstrafe verhängt werden kann.

HUNDERTFÜNFZEHN

Hundertfünfzehn ist der Polizist, der Khalil und Starr nach der Party aus dem Verkehr winkt und Khalil erschießt. Nach dem Vorfall tritt er im Roman nicht mehr direkt in Erscheinung.

INTERPRETATION

HAUTFARBE

Im Haupthandlungsstrang von *The Hate U Give* geht es um die unrechtmäßige Erschießung von Khalil Harris, einem jungen dunkelhäutigen Mann. Es überrascht daher nicht, dass Hautfarbe eines der Schlüsselthemen des Romans ist. Thomas erklärt in einem Interview hinsichtlich der politischen Dimension ihrer Romane: „Es ist lustig, denn ich sage Leuten: ‚Mississippi ist für zwei Dinge bekannt: Literatur und Rassismus'. Und ich bin zufälligerweise eine Autorin, die über Rassismus schreibt"[1] (Lewis: 2019). Diese Aussage weist bereits auf die Bedeutung hin, die Rassismus beim Verfassen des Romans spielte. Das Thema Hautfarbe zeigt sich dabei im Laufe der Geschichte auf verschiedene Weise.

---

1. Übersetzt für derQuerleser.de

Struktureller Rassismus

Am offensichtlichsten wird das Thema in Form von strukturellem Rassismus behandelt, der in Khalils Handlungsstrang zu Tage tritt. Wie bereits erwähnt war Thomas über die Tötung von Oscar Grant, einem jungen dunkelhäutigen Mann, entsetzt und beschäftigte sich danach eingehend mit einigen ähnlichen Fällen, zu denen es in den darauffolgenden Jahren kam. Starr sagt in *The Hate U Give*: „Ich habe es immer wieder erlebt: Ein Schwarzer wird erschossen, nur weil er schwarz ist, und die Hölle bricht los" (S. 44). Dies weist darauf hin, dass es sich um ein sich endlos wiederholendes Problem handelt, dessen sich insbesondere dunkelhäutige Menschen bewusst sind, die deshalb dagegen vorgehen wollen. Dem Leser ist von Anfang an klar, dass Khalils Tod ungerecht ist, denn er war unbewaffnet und hat kein Verbrechen begangen. Starr denkt, als sie von der Polizei angehalten werden, an die Verhaltensregeln, die ihr Vater ihr mit 12 Jahren eingebläut hat, sollte sie einmal in eine solche Lage kommen. Daraus wird das Ausmaß des strukturellen Rassismus ersichtlich, denn ihr Vater erwartet bereits eine ungerechte

Behandlung durch die Polizei und will Starr davor schützen. Dazu kommt es auch tatsächlich, denn Khalil wird von Hundertfünfzehn erschossen, weil dieser aufgrund von Khalils Hautfarbe davon ausgeht, dass er bewaffnet sein muss.

Die Medien in der Geschichte verstärken dieses rassistische Bild von Khalil und stellen ihn als Gangmitglied und Drogendealer dar. Auch wenn letzteres wahr ist, erfährt der Leser doch später im Roman, dass Khalil aus berechtigten, noblen Gründen handelte, weil er nämlich die Schulden seiner Mutter bei King begleichen wollte, und am Abend des Vorfalls keine Drogen gedealt hat. Dennoch hat die Öffentlichkeit mehr Verständnis für Hundertfünfzehn, dessen Vater zudem aussagt, sein Sohn hätte lediglich „das Leben der Leute dort verbessern" (S. 281) wollen. Auch Starrs Freunde an der Williamson Prep sind der Meinung, dass der Welt an Khalils Tod gelegen ist, da es nun ein Gangmitglied weniger gibt.

Starr ist entsetzt von dem Ausmaß, das der strukturelle Rassismus annimmt, und scheint noch aufgebrachter, wenn sich Rassismus in herablassenden Hilfsbekundungen Minderheiten gegenüber manifestiert. So sagt sie, als

Hundertfünfzehns Vater erklärt, dass sein Sohn den Menschen in der Gegend helfen wollte: „Witzig. Die Sklavenhalter dachten auch, sie würden das Leben der Schwarzen eigentlich verbessern" (S. 281). Damit hebt sie die Heuchelei von Menschen wie Hundertfünfzehn hervor, die zwar behaupten, Minderheiten helfen zu wollen, aber trotzdem rassistische Vorurteile haben. Dieses Verhalten bringt Starr schließlich dazu, ihre Aussage zu Khalils Tod zu machen und sich für Gerechtigkeit einzusetzen.

Umgekehrter Rassismus

Ein interessanter Aspekt von *The Hate U Give*, mit dem der Roman hervorsticht, ist Thomas' authentische Beschreibung von umgekehrtem Rassismus in Minderheitengruppen. Dies zeigt sich am deutlichsten in Starrs Beziehung mit Chris: „Trotzdem habe ich nicht den Mumm, es Daddy zu sagen. Und zwar nicht nur, weil er nicht will, dass ich schon was mit Jungs habe. Das größere Problem ist, dass Chris weiß ist" (S. 53). Starr befürchtet, dass ihr Vater ihre Beziehung mit Chris nicht gutheißen wird. Daraus lässt sich schließen, dass Rassismus zumindest auf einer gewissen Ebene unter dunkelhäutigen Menschen begonnen hat, in beide Richtungen zu wirken. Besonders bei älteren Generationen hat der seit Jahrhunderten bestehende, tiefsitzende Rassismus zu einem Misstrauen gegen weiße Menschen geführt. Als Starr ihrem Vater schließlich von ihrer Beziehung mit Chris erzählt, ist er zunächst ziemlich aufgebracht, doch zum Ende des Romans hat sich sein Ärger etwas gelegt.

IDENTITÄT

Starrs Leben besteht aus zwei streng voneinander getrennten Teilen: Auf der einen Seite hat sie ihr Leben mit ihrer Familie in Garden Heights, auf der anderen ihr Leben mit ihren Freunden an der Williamson Prep. Aus diesem Grund hat sie häufig den Eindruck, dass sie zwei Identitäten besitzt, was ihr sehr zu schaffen macht: „Eigentlich sollte ich es inzwischen gewohnt sein, dass meine zwei Welten aufeinanderstoßen, aber ich weiß immer noch nicht, welche Starr ich dann sein soll" (S. 401). Die Unsicherheit bezüglich ihrer Identität ist ein wiederkehrendes Thema im gesamten Roman. Starr vergleicht das Wechseln zwischen ihren

Identitäten mit der Tätigkeit „einen Schalter umzulegen" (vgl. S. 85), woraus sich schließen lässt, dass sie zwar die Zweiteilung ihrer Persönlichkeit unangenehm findet, sie aber dennoch die Kontrolle darüber hat.

Starrs Auffassung von Identität und ihr Verständnis von den Identitäten anderer Menschen sind stark an hautfarbenbezogene Aspekte gekoppelt. So sagt sie beispielsweise mit Hinblick auf die Tatsache, dass ihre dunkelhäutigen Freunde sie nicht „cool" finden:

> Aber der Witz an der Sache ist, dass ich an der Williamson gar nicht die Coole spielen muss – da bin ich als eine der wenigen schwarzen Kids automatisch cool. Mir Coolness in Garden Heights zu verdienen, ist dagegen schwerer, als Retro-Jordans an dem Tag zu ergattern, wenn sie in die Läden kommen. (S. 18)

Starrs Unterscheidung zwischen ihrer „Coolness" an der Williamson Prep und in Garden Heights deutet darauf hin, dass ihre Identität untrennbar mit ihrer Hautfarbe verbunden ist. An der Williamson Prep verleiht ihr ihre Hautfarbe automatisch einen Coolness-Faktor, doch in Garden Heights lebt sie in einem dunkelhäutigen Umfeld und deswegen reicht Hautfarbe allein nicht aus, um cool zu sein. Dennoch gibt es auch Situationen, in denen Starr nicht den Eindruck hat, dass ihr ihre Hautfarbe an der Schule hilft. So macht Hailey, die eigentlich ihre beste Freundin ist, fast täglich beiläufige rassistische Kommentare. Daneben versteckt Starr außerdem gewisse „Eigenschaften", die meist mit dunkelhäutigen Menschen in Verbindung gebracht werden, vor ihren Freunden an der Williamson Prep, um nicht ausgegrenzt zu werden. Ein Beispiel dafür ist die Verwendung von Slang:

> Die [Williamson-Starr] benutzt keinen Slang – alles was ein Rapper sagen würde, ist für sie tabu, selbst wenn ihre weißen Freunde so reden. Bei denen wirkt Slang cool, bei ihr klänge er nach mieser Hood. Die Williamson-Starr hält den Mund, wenn Leute ihr blöd kommen, damit keiner sie für ein „Angry Black Girl" hält. Die Williamson-Starr ist zugänglich. Kein bedrohliches Anstarren, kein fieser Seitenblick, überhaupt kein vielsagender Blick. Sie weicht Konfrontationen aus. Letztlich gibt die Williamson-Starr niemandem einen Grund, sie ein Ghetto-Girl zu nennen. (S. 85)

Eine mögliche Interpretation dieser Darstellung von Identität ist, dass Thomas die heuchlerische Art und Weise, wie insbesondere weiße Menschen

Dunkelhäutige behandeln, hervorheben möchte. Starr hat das Gefühl, dass sie vorsichtig sein muss, welche Aspekte ihrer Persönlichkeit sie ihren weißen Freunden an der Williamson Prep zeigt, um nicht zu „schwarz" zu erscheinen – und das obwohl sie gleichzeitig überzeugt ist, dass ihre Hautfarbe sie automatisch „cool" macht. Thomas könnte damit aussagen, dass die Gesellschaft ein ideales Maß an „Dunkelhäutigkeit" vorgibt, wobei sich dunkelhäutige Menschen dazu gezwungen sehen, sich dieser allgemeinen Vorstellung anzupassen.

Auch Starrs Onkel Carlos hat das Gefühl, dass seine Identität zweigeteilt ist. Als Khalil stirbt, fühlt sich Carlos zwischen seiner Identität als Polizist und seiner Identität als Dunkelhäutiger gefangen. Zunächst glaubt er, Hundertfünfzehn verteidigen zu müssen, weil er ein Kollege ist, doch schließlich verurteilt er sein Handeln und schämt sich, ihn unterstützt zu haben. Es wird also deutlich, dass Identität eine bedeutende Rolle für die Romanfiguren in *The Hate U Give* spielt: Diese sind häufig zwischen zwei verschiedenen Welten hin- und hergerissen und es fällt ihnen schwer, sich für eine Seite zu entscheiden.

ZUM NACHDENKEN

FRAGEN ZUR VERTIEFUNG

- Freundschaften zwischen Jugendlichen nehmen in *The Hate U Give* einen wichtigen Platz ein und Thomas beschäftigt sich auch mit dem Einfluss von sozialen Medien auf sie. Starr beschwert sich beispielsweise darüber, dass Hailey ihr nicht mehr auf Tumblr folgt: „Mir nicht mehr zu folgen, bedeutet das Gleiche, wie zu sagen: ‚Ich mag dich nicht mehr'" (S. 93). Welche Rolle spielen soziale Medien Deiner Meinung nach heute in Freundschaften zwischen Jugendlichen? Wie stellt Thomas dies dar?
- Vergleiche *The Hate U Give* mit *Das Schicksal ist ein mieser Verräter* (2012) von John Green (amerikanischer Schriftsteller, geboren 1977). Was unterscheidet die Art, wie Jugendliche in diesen beiden Romanen sterben?
- Hautfarbe ist ein zentrales Thema in *The Hate U Give*. Inwiefern würde sich die Erzählung verändern, wenn Khalil weiß wäre?

- Familie und Gemeinschaft spielen eine wichtige Rolle in *The Hate U Give*. Analysiere, wie Thomas diese Beziehungen darstellt und beziehe Dich dabei vor allem auf Ms. Rosalie, Khalils Großmutter, die sich um Starrs Mutter Lisa gekümmert hat, als diese ein Kind war.
- In *The Hate U Give* setzt sich Starr dafür ein, dass Khalil Gerechtigkeit widerfährt. Doch ihre Zeugenaussage vor der Grand Jury führt nicht zu Hundertfünfzehns Verurteilung. Wirft Thomas daher, Deiner Meinung nach, ein positives oder ein negatives Licht auf gesellschaftliches Engagement?
- Warum bezeichnet Starr den Polizisten, der Khalil erschossen hat, den gesamten Roman über als „Hundertfünfzehn"? Wie wirkt sich dies auf das Bild, das sich die Leser von ihm machen, aus?
- Aus welchen Beweggründen nimmt Starrs Onkel Carlos den jungen King Lord DeVante bei sich auf?
- Glaubst Du, dass *The Hate U Give* von der Kritik genauso aufgenommen worden wäre, wenn der Roman 10 Jahre oder 50 Jahre früher erschienen wäre? Beziehe Dich in Deiner Antwort auch auf gesellschaftliche und kulturelle Faktoren.

- Analysiere das folgende Zitat: „Eigentlich sollte ich es inzwischen gewohnt sein, dass meine zwei Welten aufeinanderstoßen, aber ich weiß immer noch nicht, welche Starr ich dann sein soll" (S. 401). Welchen Aufschluss gibt es über Starrs Auffassung von Identität?

Deine Meinung ist uns wichtig!
Hinterlasse doch einen Kommentar auf der Seite
unser Online-Buchhandlung
und teile Deine Favoriten in den sozialen
Netzwerken!

DARÜBER HINAUS

HERANGEZOGENE AUSGABE

- Thomas, Angie: *The Hate U Give*. Aus dem Englischen von Henriette Zeltner. cbt: München 2017.

SEKUNDÄRLITERATUR

- Lewis, Tim: „Angie Thomas, author of The Hate U Give: 'Books play a huge part in resistance'". *The Guardian*. (27.01.2019). https://www.theguardian.com/books/2019/jan/27/angie-thomas-the-hate-u-give-interview-famous-fans-readers (10.12.2019).

VERFILMUNG

- *The Hate U Give*: Film von George Tillmann, mit Amandla Stenberg, Regina Hall und Russell Hornsby. USA 2018.

MEHR AUF DERQUERLESER.DE

- Aalto, Maria: Americanah *von Chimamanda Ngozi Adichie (Lektürehilfe). Detaillierte Zusammenfassung, Personenanalyse und Interpretation*. Aus dem Englischen von Mareike Lobeck. Plurilingua Publishing: Brüssel 2020.

derQuerleser.de

Literatur auf den Punkt gebracht!

Die präsentierten Inhalte werden vom Herausgeber überprüft, dennoch übernimmt dieser keine Haftung für die inhaltliche Richtigkeit, Vollständigkeit und Aktualität der vorgestellten Inhalte.

www.derQuerleser.de

ISBN digitale Ausgabe: 9782808022880

ISBN gedruckte Ausgabe: 9782808022897

Pflichtexemplar: D/2019/12603/298

Cover: © Plurilingua

Logo: © Graphicrepublic (Freepik.com) und Plurilingua

Digitale Aufbereitung: Primento, der digitale Partner der Herausgeber